Inhalt

Weiße Biotechnologie - Heimlicher Shooting-Star in der Chemieproduktion

Kernthesen

Beitrag

Fallbeispiele

Zahlen und Fakten

Weiterführende Literatur

Impressum

Weiße Biotechnologie - Heimlicher Shooting-Star in der Chemieproduktion

Autor GENIOS BranchenWissen: A.Schneider

Kernthesen

- Bei der Weißen oder Industriellen Biotechnologie geht es darum, gängige industrielle Produktionsprozesse durch den Einsatz biotechnischer Verfahren fortschrittlicher, sprich schneller und billiger, zu machen.
- Die weiße Biotechnologie hat branchenübergreifenden Charakter; sie ist wichtig für die chemische Industrie, für die Lebensmittel-, Kosmetik-, Textil- und Papierindustrie.

- Der Anteil von Chemieprodukten, die durch biotechnische Verfahren hergestellt werden, liegt gegenwärtig bei fünf Prozent und soll bis 2010 auf 10 bis 20 Prozent anwachsen.
- Deutschland hat in Europa zusammen mit den Niederlanden und Dänemark eine führende Wettbewerbsposition inne und kann derzeit auch noch mit den USA mithalten.
- Das Anwendungsspektrum wird immer größer. Beispielsweise werden in zehn bis 15 Jahren voraussichtlich fast alle Vitamine fermentativ, biotechnisch oder pflanzenbiotechnisch herstellbar sein.

Beitrag

Waschmittel waschen dank weißer Biotechnik sauberer, Brot altert langsamer, sogar die Antibabypille entsteht in einer Hormonsynthese, die mit optimierten Hefen abläuft. In der Chemieindustrie gilt die weiße Biotechnologie bereits als heimlicher Shooting-Star und es besteht ein verstärkter Trend, klassische Synthesen durch biotechnische Verfahren zu ersetzen.

Weiße Biotechnologie im Auftrieb

Im Fokus der weißen Biotechnologie oft auch industrielle Biotechnologie genannt - steht die Herstellung von Produkten mit biotechnischen Verfahren. Zu diesen Produkten gehören Bulk- und Feinchemikalien, Lebensmittel sowie Lebensmittelzusatzstoffe und Futtermitteladditive, Agrar- und Pharmavorprodukte, Hilfsstoffe für verarbeitende Industrien wie technische Enzyme und Biokraftstoffe. Damit hat sie einen branchenübergreifenden Charakter. Sie ist wichtig für die Chemische Industrie, für die Lebensmittel-, Kosmetik-, Textil- und Papierindustrie.

Die Weiße Biotechnologie nutzt die Instrumente der modernen Biotechnologie für die Entwicklung von neuen biotechnischen Produktionsverfahren und Produkten. Es geht also darum, gängige industrielle Produktionsprozesse durch den Einsatz biotechnischer Verfahren fortschrittlicher, sprich schneller und billiger, zu machen. Darum wird die weiße Biotechnologie oft auch als industrielle Biotechnologie bezeichnet.

Es werden zwei wesentliche Verfahren unterschieden. Zum einen die Biotransformation. Bei ihr handelt es sich um enzym- und zellkatalysierte Umsetzungen.

Die Produkte entstehen in ein- oder wenigstufigen Prozessen. Zum anderen fermentative Verfahren. Bei diesen werden ganze Stoffwechselwege genutzt.

Die weiße Biotechnologie setzt Mikroorganismen bzw. Zellen höherer Organismen oder deren Bestandteile (Enzyme) als Basis für die industrielle Produktion ein. Mikroorganismen können in einem Fermentationsschritt komplexe Moleküle wie Vitamine, Aminosäuren oder Antibiotika synthetisieren. Durch ein einziges Enzym können komplizierte chemische Reaktionen, die viele Teilschritte umfassen, vereinfacht werden.
Neue Erkenntnisse, vor allem in der Genomforschung und in der Systembiologie, geben der weißen Biotechnologie zurzeit enormen Auftrieb. Sie erfordert eine intensive interdisziplinäre Zusammenarbeit zwischen Chemikern, Molekularbiologen, Genetikern, Mikrobiologen, Informatikern und Verfahrenstechnikern.

Neue Werkzeuge - wie Screening-Methoden, metabolic engineering, globale Analysemethoden wie Genomics, Proteomics, Metabolomics, sowie die Werkzeuge der Bioinformatik - sind oder werden immer besser verfügbar. [1], [2]

Markt für biotechnologisch hergestellte Produkte wird stärker wachsen als Chemie

In der gesamten Biotechnologie wurden 2005 in Deutschland über eine Milliarde Dollar Umsätze erzielt, weltweit waren es über 62 Milliarden Dollar. [Abb.1]
Derzeit ist das Marktvolumen der weißen Biotechnologie noch eher klein und die Branche übersichtlich. Der Anteil von Chemieprodukten, die durch biotechnische Verfahren hergestellt werden, liegt gegenwärtig bei fünf Prozent. Doch Experten rechnen damit, dass der Markt für biotechnologisch hergestellte Produkte in den kommenden Jahren stärker wachsen wird als der Chemiegesamtmarkt. Bis zum Jahr 2010 wird mit einer Erhöhung auf 10 bis 20% gerechnet (McKinsey-Studie "Beitrag der Biotechnologie zur chemischen Industrie", 2004). In wenigen Jahren könnte die weiße Biotechnik an bis zu 60% aller Chemieprodukte in irgendeiner Form beteiligt sein. (3)

Weltweit wird das Marktvolumen biotechnischer Verfahren im Bereich Feinchemikalien auf etwa 50 Milliarden US-Dollar geschätzt, so heißt es in Marktstudien von Festel Capital, McKinsey und Frost

& Sullivan. Sie rechnen das mögliche Volumen innerhalb der nächsten 10 bis 20 Jahre auf etwa 250 Milliarden US-Dollar hoch. Die Studie von McKinsey geht davon aus, dass in fünf Jahren 30 bis 60 Prozent aller Synthesen von Feinchemikalien mindestens einen biokatalytischen Schritt enthalten. (4)

Deutschland in guter Wettbewerbsposition

In seinem aktuellen Branchenreport zählt Ernst & Young derzeit rund 20 deutsche Unternehmen zur weißen Biotechnologie (eine eher enge Abgrenzung). Die Dechema e.V. schätzt in ihrem aktuellen Positionspapier "Chancen der weißen Biotechnologie in Deutschland", dass die Umsätze aus industrieller biotechnischer Produktion in deutschen Unternehmen heute im mehrstelligen 100-Mio-Euro-Bereich liegen.
Deutschlands Wettbewerbsposition in der weißen Biotechnologie gilt als sehr gut. Anders als in der roten Biotechnologie können wir bei der weißen noch mit den USA mithalten und haben zusammen mit den Niederlanden und Dänemark in Europa eine führende Rolle.
Im zurzeit in Planung befindlichen 7. Europäischen Forschungsrahmenprogramm soll die weiße

Biotechnologie erstmals berücksichtigt werden. Die deutschen Forschungseinrichtungen sind sehr gut ausgestattet. Verschiedene Bundesländer haben dedizierte Förderprogramme aufgelegt.

Die Chancen der weißen Biotechnologie

Die weiße Biotechnologie liefert inzwischen Verfahren, die es erlauben, bestehende Produkte ökologischer und wirtschaftlicher herzustellen als auf rein chemische Art und Weise. Die Chancen liegen vor allem in der Einsparung von Syntheseschritten, im geringeren Rohstoffverbrauch, verminderten Emissionen und dadurch geringeren Produktionskosten. Gerade aufgrund der prozess- und kostentechnischen Vorteile fassen biotechnische Verfahren vor allem in der Feinchemie immer mehr Fuß. Für die chemische Industrie liegt der große Vorteil auch darin, dass sie unabhängiger wird von den steigenden Preisen erdölbasierter Rohstoffe.

Bekanntestes Beispiel ist die Vitamin-B2-Produktion: Bis 1990 entstand Riboflavin in einer komplizierten mehrstufigen Synthese, die mittlerweile als ausgestorben gilt. Dann gelang es 1990 Chemikern der BASF, eine auf Sojaöl basierende einstufige

Fermentation zu entwickeln, die gegenüber dem alten, petrochemischen Verfahren große Vorteile aufwies: Abfälle gingen um 95 Prozent zurück, CO_2-Emissionen um 30 Prozent, der Ressourcenverbrauch um 60 Prozent, wodurch die Herstellungskosten um immerhin 40 Prozent sanken.

Die Risiken

Zum einen gilt auch für die weiße Biotechnologie: Gut Ding will Weile haben. Bis ein neues Verfahren gesucht, gefunden, entwickelt und erprobt ist, kann etliches an Zeit vergehen. Und längst ist noch nicht alles erschlossen. So sind derzeit zwar mehr als 3 000 Enzyme bekannt, aber erst 150 werden kommerziell genutzt.

Zum anderen muss ein Verfahren auch wirtschaftlich sein, um auf dem Markt Erfolg zu haben. Und hierin liegt häufig das Problem. Biotechniken sind oft komplex und aufwendig.
Zum anderen liegt ein Problem sicher auch im Downstream-processing und in der Aufarbeitung. Die katalytische Umsetzung mit immobilisierten Enzymen bzw. die Aufreinigung von Bioprodukten erfordert typischerweise feststofffreie Lösungen, die sich innerhalb von Festbett- und

Membranenreaktoren oder Chromatographiesäulen einsetzen lassen. Hier kommen Techniken wie Fällung, Zentrifugation oder Mikrofiltration zum Einsatz, die meist zu einem mehrstufigen und hoch komplizierten Downstream-Prozess verbunden werden. Die DBU-Initiative InnovationsCentrum Biokatalyse, kurz ICBio, setzt an diesem Punkt an. ICBio will eine Plattform für das wissenschaftliche Know-how auf dem Gebiet der Biokatalyse bilden. Ein Schwerpunkt ist die Bereitstellung neuer Wert- und Wirkstoffe durch die Optimierung und Schaffung neuer Screening- und Expressionssysteme sowie die Entwicklung vereinfachter Downstream-Prozesse.

Vielfältige Anwendungen

Es gibt inzwischen sehr viele Beispiele für Anwendungen der weißen Biotechnologie. Die Lebensmittelbranche setzt biotechnologische Verfahren bei der Herstellung von Brot, Käse, Bier und Wein ein.
Viele Vitamine werden heute mit modifizierten Enzymen hergestellt. Das bekannteste Beispiel ist das Vitamin B2 (Riboflavin). In zehn bis 15 Jahren werden voraussichtlich fast alle Vitamine fermentativ, biotechnisch oder pflanzenbiotechnisch herstellbar

sein. Darüber hinaus können alle Aminosäuren biotechnisch produziert werden.

Das Hemd wird weißer gewaschen durch das Waschmittel, dem industrielle Enzyme beigesetzt sind. Die Jeans wirkt stone-washed dank Enzymen. Doch es geht nicht nur um die Optik. Der Einsatz von Enzymen in Waschprozessen bei der Textilveredelung führt zur Reduktion des Energie- und Wasserverbrauchs um bis zu 50%.

Es gibt sogar schon Kunststoffe, die biologisch abbaubar sind so genannte Laktatpolymere. Sie sind aus Polymilchsäure gebaut. In den USA gibt es bereits T-Shirts aus dem textilfaserartigen Material.

Ein Beispiel dafür, wie die weiße Biotechnologie einen Beitrag zum Umweltschutz leisten kann, stammt aus der Garnelenzucht: Bei der Zucht werden tonnenweise Antibiotika ins Wasser gekippt, damit die krankheitsanfälligen Tiere überleben. Das macht die Umwelt kaputt und bedeutet ein Risiko für die Verbraucher. Die dänische Firma Novozymes arbeitet mit industriellen Mikroorganismen an Lösungen, die gefährlichen Stickstoffverbindungen im Zuchtbecken abzubauen. (3)

Weitere bekannte Beispiele sind etwa die enzymatische Produktion des L-tert-Leucin und anderer Aminosäuren durch Degussa, verschiedene enzymatische Verfahren zur Herstellung optisch aktiver Substanzen bei Rütgers, die fermentative Produktion von L-Cystein und die enzymatische

Herstellung von Cyclodextrinen bei Wacker. Auch die DSM (Niederlande) hat die traditionelle zehnstufige Synthese des Antibiotikums Cephalexin durch eine Fermentation mit nachfolgender biokatalytischer Umwandlung ersetzt. Durch diese Umstellung des Produktionsverfahrens konnten eine Gesamtkostenreduzierung von 50% erzielt und 65% der Energie- und Materialkosten eingespart werden. Und Wacker zum Beispiel vertreibt erfolgreich Spezialitäten wie Cystein und Cyclodextrine. Sie sind als Geruchsabsorber mittlerweile nicht nur in Reinigungsmitteln, sondern sogar in Anzugstoffen enthalten.

Fallbeispiele

Beispiele für die erhöhte Investitionsbereitschaft in Sachen weißer Biotechnologie findet man inzwischen zahlreiche. Es engagieren sich nicht nur die oft kleinen Biotechnologiefirmen selbst, sondern auch die etablierten namhaften Unternehmen der Chemieindustrie sowie auch Forschungseinrichtungen der Universitäten und Länder.

BASF

Im Jahr 2004 hat der Ludwigshafener Chemiekonzern mit Produkten, die ganz oder teilweise mit biotechnologischen Verfahren hergestellt werden, einen Umsatz von knapp 500 Millionen Euro erzielt. Im letzten Jahr hat BASF die weiße Biotechnologie als einen der Wachstumscluster bezeichnet, die der BASF in Zukunft ihre Spitzenposition in der Liga der größten Chemiekonzerne sichern sollen.
Auch kooperiert die BASF mit der Basler Solvias, die international führend in der Entwicklung und Vermarktung von Technologien für die asymmetrische Hydrierung ist und über eine der größten Ligandenbibliotheken der Welt verfügt. Die BASF wird in Zusammenarbeit mit Solvias diese Liganden nutzen, um optisch aktive Zwischenprodukte für die Life-Sciences-Industrie herzustellen.

Degussa

Die Degussa AG, Marl, hat im November letzten Jahres ein neues Science-to-Business-Center Bio gegründet. Ab 2006 sollen hier 60 Wissenschaftler in Kooperation mit Hochschulen und Industriepartnern Verfahren entwickeln, die anstelle fossiler nachwachsende Rohstoffe nutzen. Degussa will in das neue Science to Business Center Bio in den nächsten fünf Jahren 50 Mio. Euro investieren. (5)

Universität Leipzig

Die Innoprofile-Nachwuchsgruppe der Fakultät für Biowissenschaften, Pharmazie und Psychologie der Universität Leipzig möchte mit der Enzymforschung den Biotechnologie-Standort Leipzig stärken. Die Gruppe "Weiße Biotechnologie will in den kommenden vier Jahren unter anderem Methoden weiter entwickeln, um in Umweltproben nach neuen Enzymen zu suchen. Das Vorhaben wird mit insgesamt 2,1 Millionen Euro aus dem Innoprofile-Programm als Bestandteil der Innovationsinitiative des Bundesministeriums für Bildung und Forschung Neue Länder "Unternehmen Region" gefördert. (6)

Initiative Industrial Biotechnology North

Die Initiative Industrial Biotechnology North (IBN) in den Bundesländern Hamburg und Schleswig-Holstein ist ein Beispiel für die Länder übergreifende

Vernetzung von Wissenschaft und Wirtschaft in Sachen weißer Biotechnologie. Sie soll unter anderem die Visibilität der weißen Biotechnologie erhöhen. Die Initiatoren der "Industriellen Biotechologie Nord" sind TuTech Innovation GmbH/Hamburg Innovation GmbH, Innovationsstiftung Schleswig-Holstein und das Institut für Technische Mikrobiologie der Technischen Universität Hamburg-Harburg (TUHH). Dem neuen Netzwerk "IBN" können sich Firmen sowie Forschungsinstitute aus Norddeutschland anschließen. (7)

Zahlen & Fakten

Der Markt für Biotechnologie 2004 - 2005

Kennzahlen	Deutschland		Weltweit	
	2004	2005	2004	2005
	in Millionen Dollar*		in Millionen Dollar*	
Umsatz	1.022	1.035	53.367	63.156
F+E-Ausgaben	998	978	19.542	20.415
Ergebnis	-663	-704	-6.270	-4.388
Eigenkapital-Zufluss	526	606	21.172	19.710
Zahl der Unternehmen	380	375	4.167	4.203
Beschäftigte	9.675	9.534	k.A.	k.A.

* Umrechnung zu Jahresdurchschnittskursen

Quelle: Ernst & Young

Entnommen aus: Handelsblatt, 11.04.2006, S. 17

Weiterführende Literatur

(1) O.V., Weiße Biotechnologie,
www.biotech.dechema.de
aus Frankfurter Allgemeine Zeitung, 13.06.2006, Nr. 135, S. 13

(2) Trendbericht Biotechnologie
aus Labo, Heft 02, 2006

(3) Mikroorganismen aus dem Baukasten Die weiße Biotechnologie ist der heimliche Star der Branche. Dank modifizierter Enzyme lassen viele Stoffe sich billiger und besser produzieren
aus Financial Times Deutschland vom 15.05.2006, Seite SA4

(4) Industrielle Biotechnologie auf Erfolgskurs
aus Labor Praxis Nr. 04 vom 12.04.2006 Seite 026

(5) Degussa treibt weiße Biotechnologie voran
aus CHEManager Ausgabe 22 vom 18.11.2005 Seite 016

(6) O.V., Innoprofile-Nachwuchsgruppe setzt auf weiße Biotechnologie, Bionity.COM News
aus <Hochschule> BIL-04

(7) <TuTech Innovation GmbH> 2150527523

aus <Medizin> MEZ

Impressum

Weiße Biotechnologie - Heimlicher Shooting-Star in der Chemieproduktion

Bibliografische Information der deutschen Nationalbibliothek

Die Deutsche Nationalbibliothek verzeichnet diese Publikation in der deutschen Nationalbibliografie; detaillierte bibliografische Daten sind im Internet über http://dnb.d-nb.de abrufbar.

ISBN: 978-3-7379-2221-0

© 2015 GBI-Genios Deutsche Wirtschaftsdatenbank GmbH, Freischützstraße 96, 81927 München, www.genios.de

Alle Rechte vorbehalten. Dieses Werk ist einschließlich aller seiner Teile – z.B. Texte, Tabellen und Grafiken - urheberrechtlich geschützt. Jede Verwertung außerhalb der Grenzen des Urheberrechtsgesetzes bedarf der vorherigen Zustimmung des Verlags. Dies gilt insbesondere auch für auszugsweise Nachdrucke, fotomechanische

Vervielfältigungen (Fotokopie/Mikroskopie), Übersetzungen, Auswertungen durch Datenbanken oder ähnliche Einrichtungen und die Einspeicherung und Verarbeitung in elektronischen Systemen.